AF231635

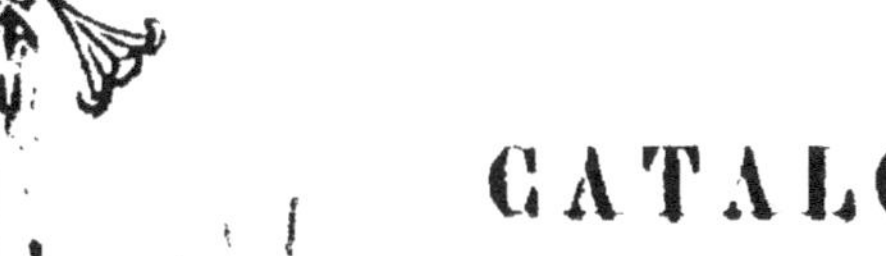

# CATALOGUE

### D'UNE

### JOLIE COLLECTION

### DE

# TABLEAUX

## MINIATURES & DESSINS MODERNES,

### provenant du Cabinet d'un Amateur,

#### DONT LA VENTE AURA LIEU

### LE LUNDI 17 MARS 1851, A UNE HEURE PRÉCISE,

## HOTEL DES VENTES MOBILIÈRES

## Rue des Jeûneurs, 42 bis,

#### SALLE N. 2.

Par le ministère de M⁰ **RIDEL**, Commissaire-Priseur,
335, rue Saint-Honoré,

Assisté de M. **SCHROTH**, Appréciateur, rue des Orties Saint-
Honoré, n. 9,

*Chez lesquels se distribue le présent Catalogue.*

### EXPOSITION PUBLIQUE

Le Dimanche 16 Mars 1851, de midi à cinq heures.

## PARIS.

### IMPRIMERIE ET LITHOGRAPHIE DE MAULDE ET RENOU,

#### RUE BAILLEUL, 9-11.

### 1851

# CATALOGUE

D'UNE JOLIE COLLECTION

DE

# TABLEAUX

## MINIATURES ET DESSINS MODERNES,

provenant du Cabinet d'un Amateur,

DONT LA VENTE AURA LIEU

LE LUNDI 17 MARS 1851, A UNE HEURE PRÉCISE,

## HOTEL DES VENTES MOBILIÈRES,

## RUE DES JEUNEURS, N. 42,

Salle n° 2.

Par le ministère de M° **RIDEL**, Commissaire-Priseur,
Rue Saint-Honoré, 333,

Assisté de **M. SCHROTH**, Appréciateur, rue des Orties Saint-
Honoré, 9,

*Chez lesquels se distribue le présent Catalogue.*

EXPOSITION PUBLIQUE

Le Dimanche 16 Mars 1851, de midi à cinq heures.

PARIS

IMPRIMERIE ET LITHOGRAPHIE DE MAULDE ET RENOU,
Rue Bailleul, 9-11, près du Louvre.

9011

1851.

# CATALOGUE

# TABLEAUX

## CONDITIONS DE LA VENTE.

Elle sera faite au comptant

Les acquéreurs paieront en sus des adjudications,
cinq pour cent applicables aux frais.

# DÉSIGNATION
# DES TABLEAUX

---

### M. ANDRÉ (Jules).

1 — Paysage avec mare au second plan.

### M. ANDRÉ.

2 — Jeune fille se posant une couronne de roses
blanches sur la tête.

### M<sup>lle</sup> BONHEUR ( Rosa ).

3 — Une brebis et son agneau dans un champ.

### CUYP (Genre de).

4 — Jeune garçon vu à mi-corps, tenant un
bâton à crochet.

### M. CICERI (Eugène).

5 — Lisière de forêt avec bûcheron.
6 — Paysage.
7 — Autre.
8 — Étude de bouleaux.

4

### M. COIGNARD.

9 — Combat de Taureaux.

10 — Vaches à l'abreuvoir.

11 — Moutons au repos,

12 — Chèvres au pâturage,

13 — Vaches effrayées par l'orage.

### M. CALAME.

14 — Paysage, soleil levant.

### CHARLET.

15 — L'artiste composant.

### M. DIAZ.

16 — La Nativité

17 — La bonne aventure.

18 — Descente de chiens courants.

19 — Groupes de chiens en forêt.

20 — Terrain à Jean de Paris.

21 — Etude de tronc de chêne.

22 — Conversation, effet de soleil couchant.

23 — Chiens de chasse au repos.

24 — Conversation sous une feuillée.

25 — Paysage.

### M. DEDREUX (Alfred).

26 — Jeune femme du temps de Louis XV, à cheval.

### M. DESMOULINS (Auguste).

27 — Deux jeunes femmes conversant ensemble.

5

### DEMARNE.

28 — Paysage avec baigneuses surprises par un paysan.

### M. DE JHEGUIER.

29 — Bouquets de fleurs dans un vase.

### M. DUPRÉ (Jules).

30 — Paysage avec bestiaux à l'abreuvoir.

31 — Autre, avec massif d'arbres.

### M. DIEN.

32 — Tentation de Saint-Antoine.

### M. DECAMPS.

33 — Chasse au marais.

34 — Chasse à courre.

### M. FLERS.

35 — Pâturage dans une vallée de Normandie.

### M. FAUVELET.

36 — Jeune fille promenant dans un jardin.

### M. GABET (attribué à)

37 — Marine avec barque et bateau à vapeur.

### M. GRENIER.

38 — Sainte Geneviève, patrone de Paris.

### M. GUDIN.

39 — Marine. Tableau très capital de cet artiste.

## M. HOGUET.

40 — Paysage. Sur le devant une rivière, et plus
loin un moulin à vent.

41 — Une cascade.

## M. ISABEY (Eugène).

42 — Plage à marée basse, avec barque sur la
grève.

43 — Autre à marée basse.

44 — Marine.

45 — Paysage.

## M. JACQUAND.

46 — Le baptême dans la sacristie.

## M. JEANRON.

47 — Le repos des contrebandiers.

## M. LEPAULE.

48 — Tête de femme coiffée d'un turban.

49 — Un chef arabe.

## M. LONGUET.

50 — Une baigneuse.

## M. LENFANT.

51 — L'improvisateur.

## M. MOZIN.

52 — Un canal de Hollande dans l'intérieur d'une
ville avec bateaux marchands.

**MICHEL.**

53 — Paysage avec groupes de personnages, che-
vaux, etc., sur le 1er plan.

**M. PHILIPPOTEAU.**

54 — Café à Alger.

**M. PELLETIER.**

55 — Nature morte.

**M. ROUSSEAU (Théodore).**

56 — Paysage.

**M. ROUSSEAU (Philippe).**

57 — Basse-cour avec coq et poules.
58 — Le renard et la cigogne.
59 — Le lièvre et la tortue.
60 — Nature morte.
61 — Chat suspendu par la patte et guettant rats
et souris.
62 — Nature morte.

**M. ROQUEPLAN.**

63 — Paysage coupé par un canal, au premier
plan une jeune fille.

**M. ROHEN fils.**

64 — Un personnage cuirassé et assis explique à
une petite fille le sujet d'une gravure
placée sur ses genoux.

8

### SWEBACH.

65 — Halte de cavaliers dans une foire de village.
66 — Autre à une auberge.

### VALIN.

67 — Paysage, Renaud et Armide.
68 — Portrait de Bigotini, danseuse de l'Opéra.

### M. ULRICH.

69 — Ruines du château d'Arc en Normandie.

### INCONNU.

70 — Tête de jeune fille la gorge découverte,
     d'une belle couleur et d'une remarquable
     exécution.

# MINIATURES.

### Mⁿᵉ MIRBEL (Lezinska.)

71 — Portrait de Louis XVIII.
72 — Portrait de Walter Scott avec l'autographe
     qui constate que ce dessin a été fait d'a-
     près nature.
73 — Portrait du duc de la Châtre.
74 — Portrait de la duchesse de Crussol.
75 — Portrait du duc de Duras.
76 — Portrait du duc d'Orléans, ébauché.

# DESSINS.

### BOUCHER.

77 — Buste de jeune fille vue à mi-corps; elle
     tient une lettre ouverte. Dessin aux trois
     crayons.

9

78 — Jeune fille jouant de la guitare. Idem.

79 — Éventail, sujet mythologique.

## M. BENTA.

80 — Paysage et cascade; effet de neige.

## M. BELLANGÉ (Hippolyte.)

81 — Le Retour du soldat dans son village.

## CHARLET.

82 — Garde-champêtre sortant du cabaret. Sepia.

83 — Une ambulance; un officier de santé vient
pour panser un soldat blessé.

84 — Grenadier ivre soutenu par un invalide et
un hussard.

85 — Invalide en goguette.

## M. COGNIET (Léon.)

86 — Femme italienne, une corbeille de linge sur
la tête.

## M. DEDREUX (Alfred.)

87 — Cheval promenant, il est monté par un ca-
valier.

## M. DELACROIX (Auguste.)

88 — Soldat du temps de Louis XIII.

## M. DECAMPS.

89 — Don Quichotte et Sancho Pança traversant
un champ de blé sur leurs montures.

90 — Les deux marquis.

## M. DELESSART.

91 — La Curieuse.

**M. DELAROCHE (Paul.)**


92 — La mort de Louis XIII.


**M. DEDREUX (Alfred)**


93 — Chasseurs et chiens à l'entrée d'un bois.


**M. FORT (Théodore.)**


94 — Paysan conduisant son cheval.
95 — Cheval dételé près d'une charrette.


**M. FIELDING (Newton.)**


96 — Paysage et pièce d'eau avec cygnes.


**M. FLANDIN (Eugène.)**


97 — Vue de Constantinople.
98 — Souvenir du désert.
99 — Vue de Palerme.


**M. GINGEMBRE.**


100 — Officier de hussards à la tête de sa compa-
gnie qui le suit au galop.


**M. GARNERAY (Hippolyte.)**


101 — Parc avec personnages près d'une fontaine.
102 — Rassemblement de chasseurs dans un parc.


**M. GAVARNI.**


103 — Le professeur de chaussons.
104 — Deux ivrognes.


**M. HOGUET.**


105 — Paysage et moulin à vent.

11

## M. HUBERT.

106 — Paysage avec mare d'eau sur le premier plan.

## M. HILDEBRANDT.

107 — Vue prise au Mexique.

## M. JALABERT.

108 — Jeune fille couchée sous des arbres, dans le fond des jeunes garçons la regardent.

## M. LEVASSEUR.

109 — Marine avec barques de pêcheurs.

110 — Vue prise en Italie.

## M. LEPELLETIER.

111 — Paysage, entrée de forêt, sur le devant une mare.

112 — Paysage et partie d'étang, traversé par un pont rustique. Effet de soleil couchant.

113 — Paysage avec massif d'arbres au premier plan.

## M. LEPOITEVIN.

114 — Paysan breton assis sur une pierre.

## M. MADOU.

115 — Le Conteur. Dessin très capital à la Sepia.

## M. RAFFET.

116 — Napoléon visitant un champ de bataille.

117 — Les Girondins prisonniers.

## M. ROQUEPLAN (Camille).

118 — Deux jeunes filles dont l'une assise joue du luth.

## M. RAMELET.

119 — Femme bretonne à l'église.

## M. VALERIO.

120 — Escalier de bâtiments au bord de la mer à Naples, sur lequel des personnages font de la musique.

121 — Filles et femmes de pêcheurs au bord de la mer par un gros temps.

## VERNET (Carle).

122 — Dragon anglais à cheval.

123 — Officier de chasseurs à cheval.

## VANSPAENDONCK.

124 — Groupe de fleurs et de fruits.

## WATTEAU.

125 — Groupe de personnages rassemblés, sur le devant un musicien accorde sa guitare. Dessin aux trois crayons.

## M. WATTIER

126 — Une conversation dans un parc.

127 — Tous les objets qui auraient été omis au présent catalogue seront vendus sous ce numéro.

Paris — Imprimerie MACLET et RENOU, rue Bailleul, 9-11. 9677

www.ingramcontent.com/pod-product-compliance
Lightning Source LLC
LaVergne TN
LVHW010226060726
842527LV00007B/2646

9 782329 077413